Talita(S)

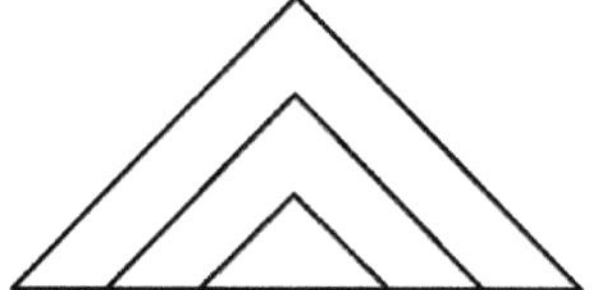

Davi Paulo

Talita(S)

Um livro para falar de amores

1ª edição

Rio de Janeiro
Davi Paulo - Publicação independente
2020

Produção e edição

Davi Paulo

Publicação independente

AMZON - KDP

Participações

ISABELA OLIVEIRA-VANESSA F.-ANA CUNHA, NIKI ROCHA-LENO OLIVEIRA-EMANUELLA CARVALHO-CAROLINA DOS DANTOS DAS VIRGENS-DORA E ALICE-KIM

ISBN: 9798615383588
Selo editorial: Independently published

Talita(S): Um livro para falar de amores, Paulo, Davi. Rio de Janeiro-AMAZON KDP, 2020 – 60 Páginas. Impresso no Brasil

Em última análise, amam-se os nossos desejos, e
não o objeto desses desejos.
Friedrich Nietzsche

Dedico esse Livro a minha Talita e a todas as outras Talitas da face da Terra.

Mistérios de Talita

Mulher que voa

De tão louca

Apaixonou-se

Queira beijá-la

Nesse ensejo

Um beijo para marcar

Um ciúme a provocar

Pois não sei se a chamo para dançar

Possuidora de vários sorrisos e olhares

Quem a conhece

Conhece o mundo

Sua sina foi encontrar este Poeta

Em perfeitos versos

A tento em fazer sorrir

Ditosa senhorita Talita

Leia o que eu escrevo

Sendo eu Poeta, um especialista na alma humana,

Vou fazer umas loucuras senhorita

Voe comigo nem que seja só por hoje

Quero eu os seus mistérios

...

Há 465 mil formas de falar de Talita

Deusa de princípio romântico

Bailarina de ponta inteira

A flor vermelha de meu jardim

Uma Louca

Uma sensata

Às vezes uma ingrata

Nobre senhorita

Linda

Desbocada

Desaverbada

Essa é Talita

Queria

Amada

Desejada

Se Talita consegue ser mais alguma coisa

Ela é Poesia

Sou eu o Poeta perdido

Que se perdeu nos olhares de Talita

Eu escrevo versos

Para ela sorrir.

...

Foi incrível quando descobrir que é possível rimar
Talita com amada e desejada.

...

O que posso dizer sobre suas provocações?

Que é em poesias

Que ela já sabe me deixar louco?

Ela já aprendeu o caminho

Caminho esse para o coração do poeta

A sedução está em seu sorriso

Sorriso meigo e misterioso

É uma viagem de emoções

Em tons vermelhos de alegrias

O seu batom é uma loucura

Loucura para ter de seus lábios os seus beijos

 Entre o caminho do certo e do duvidoso

Eu faço o meu

Entro em seu jogo

E entre um verso e outro eu faço o que tem que ser
feito

Poemas e mais poemas

Fazer o que?

Sou Poeta

A sensatez da loucura

Sou o que escrevo

Provoque-me

...

Vários sabores

Diversas cores

Uma escolha

Falar de Talita

É uma condição que desatina

Linda

Querida

Na noite passada falei dela para deus

Em minha frente vários caminhos

Escolhi o incerto

Andei e andei

Encontrei poemas e mais poemas

Ótima escolha

Perfeita

Guerreira

Talita minha Menina travessa

Era para ser somente um verso

Mas eu sou Poeta

Ando por vários caminhos

Até que a conheci

E hoje meus versos são para ela.

...

Talita é um oceano

...

Um sorriso

Uma alegria

Para fugir de uma depressão

Ela me salva

Como já dito

Provoca em mim, Poesias,

Poesias essas que dançam em minha frente

Eu penso nela

A vida se torna um pouco suportável

Surpreende-me

Esperança

Essa é uma das palavras que eu odeio

Mas agora é a que melhor dita meus versos

Perfeita

Uma ordem em minha cabeça

Uma possibilidade de paz

Aquela doce paz que se encontra na guerra

Pensei que iria morrer sozinho

Poeta sofre divinos sofrimentos

Ela me sorrir

Ela me faz tão bem

...

Ela é uma nega atrevida

Mete a mão em minha Poesia

Eu deixo, estou apaixonado.

...

Um solitário

Mas viciado em sua solidão

Essa é uma boa definição

Para um louco

Louco assim do jeito que sou

Mas ela vem

Para me fazer duvidar das minhas certezas

Agradeço a Deus

Pois detestava aquilo que eu achava certo

Novo

Novidade

Gosto dessas palavras

Essas palavras me agridem

Pois por muito tempo eu era aquele tolo que
duvidava da mudança

Perfeita

Não precisa de muito

Um afago

Sou eu um Poeta inconsequente

Esse sou eu

É isso que ela faz com o poeta

Faz companhia ao Poeta

...

Tristeza

Sórdida

Incauta

E

Insegura

Vida

Enfim

A

Encontrei

Palavras

Ditas

Talita

Limpa

Já

Vista

Do

Que

Ditas

Uma

Alegria

Certa.

...

Falar de amor talvez seja uma das coisas mais
difíceis de fazer

Talita para mim é talvez um sintoma

A pulsão mais primitiva de mim

Amor também rima com humor

E falar de Talita é mergulhar em um mar de
possibilidades

Estou entre a linha de ser homem e um menino

Justo eu que eu era um deus

Vi o mundo desabar

Pelos olhares de Talita

Em uma sintaxe sem lógica

Escrevo sobre o amor de Talita

Onde só há nós dois

Quem manda é o coração

Perfeita

Não esconda o que há mais belo em ti

Amor e amores

Amores feitos de Talita?

Sou o Poeta de poucos versos

Versos desencantados

De verdades são minhas palavras

Eu te amo

...

Tenho que vender meus livros de Poemas

Vendo barato

Só mesmo para eu poder pagar o lanche da menina
que eu gosto.

...

Tem como eu ser mais claro?

Eu te quero

Amizade não suporta mais

Te desejo na cama comigo

Resolvendo a equação do amor

Onde espírito e corpo se tornam um

Quero te amar

Como um bom homem te saciando com seus
prazeres

Tentando ser mais claro

Esculpir seu sorriso

Quero o calor de seus abraços

E o sabor de seus beijos

Seu sexo

Sua companhia

Perfeita

Te faço em cada detalhe

É difícil aguentar

Sou eu Poeta e escrevo versos

Não precisa ter medo

Todos já sabem

Perceba o quanto isso é claro.

...

Depois de cada Poema é um novo aprendizado

Não sabia o quando dava para rimar

Talita em cada palavra é uma nova descoberta.

...

Tenho eu 465 milhões de formas de falar dela

E nenhuma é suficientemente boa para falar sobre ela

Eu digo que é algo praticamente divino

De tão divino

Que ela chega ser a luz do meu paraíso quando estou preso no meu inferno

Parece até loucura da minha parte

Eu também nunca fui bom com a sensatez

Muito menos em ter bom senso

Somos a equação matemática fardada ao erro

A nossa relação é uma faca no estômago

Até pensei que poderia esquecer-se dela

 Mas é maior do que eu

Sou eu o seu fã numero 1 de suas loucuras

A sua Poesia me encanta

Lembra um pouco a minha

Ela talvez já me salvasse de uma morte prematura

Somos quase, Perdidos somos nesta infinidade
de possibilidades de sermos,

O seu nome se escreve nas mesmas linhas que o
meu

Isso só pode ser obra de um Deus bem
discordiano

Às vezes nós nos olhamos e não precisamos
falar mais nada

 Pois de tão louco chega a ser divino.

...

Ela é louca

Uma pequena Menina que dança livremente

Linda mulher ela é

Eu que sempre me achei o grande deus do novo
século

Precisei sentar e engolir toda a minha vaidade a
seco

Para apreciar a sua arte fiquei ao seu lado

Ela é louca

De loucura a loucura ela me leva a sensatez

Somos dois perdidos

Estou há mais tempo nesta estrada

Ela acaba de abrir os olhos

Pego em sua mão para ditarmos novas leis,

Somos os rebeldes sem causa

Os legítimos agentes do caos

Dois selvagens

Senhor e senhora do tempo

Ela é louca

Eu sou Poeta

De magias são feitas as nossas Poesias

 Ela dança livremente

Ela é uma linda e louca mulher.

...

Ela está em mim

Pelos campos de Cecília ela passeia

Em sua garganta está a verdade a qual tanto me
devora

Aqui repousa os seus mais diversos mistérios

Os encantos de seus olhos me fizeram homem

Estou a um passo e meio para ir além de mim
mesmo

Já provei do mais amargo da vida

Só me falta provar de seus beijos

Conheço este caminho há anos

Vários outros Poetas já passaram por ele

Meu nome é rebeldia

Sentei no trono de deus

Fiz de mim o que queria ser

Te pego em meus braços

Assumo cada uma de suas dores

Seguro em sua mão quando sentir medo

És mulher rara

A nossa perfeição se encontra em nossos nomes

Poucos entendedores iram entender

Desde a primeira vez

Você não sai de mim

Verdades que me corroem por dentro

A sua loucura é para poucos

Ou somente para mim

Ao mundo é sabido que estou pronto a pagar o alto
preço

Sangue por sangue

As lágrimas do nosso Dragão de estimação já
lavaram o nosso mundo

Eu nunca te deixarei

Mesmo que eu queira

Estaria enganando a mim mesmo

Há algo em mim que te deseja

Apesar de tudo me faço seu na corda bamba das
infinitas possibilidades

Abraço toda a sua loucura

Ao seu lado torno-me o grande deus dos raios e
trovões

Viajo pelas estrelas deitado no quintal de sua casa

Eu te estudo a cada dia

A cada dia quero aprender um pouco mais sobre
você

Quero aprender como colocar um sorriso em seu
rosto

Como pegar em sua mão

Até, Talvez, Como te amar como nunca foi amada.

...

Me fez pensar duas vezes sobre a vida

Em poemas que leva o seu nome

Digo que me fizesse pensar duas vezes sobre a
vida

Provei daquele chocolate que Tanto gosta

Olhei em seus olhos e você sorriu

Talita

Na mesa do jogo estão as nossas Vontades

Uma chama que aquece

Que precise ir aos mais fundos dos mais fundos
oceanos

Até o mais alto das mais altas montanhas

Trarei para ti um poema de amor

Amor esse que é magia

A mais pura rebeldia da consciência

Somos perfeitos

Talita

Talvez já me salvaste e nem saibas

Estar ao seu lado é uma oportunidade De

Sou eu um Poeta

Sei escutar o silêncio

De essa chance

Vamos pensar sobre a vida.

...

Talita, amor,

Ensina-me sobre a dor

Sobre ser um ser humano

Uma existência mundana me aguarda

Por muito tempo vivi pelos céus

Sou eu homem

Preciso sentir a terra em meus pés

Venha viajar comigo

Apresento-te o mundo

Talita doce anjo

A rebeldia sempre fez parte da minha escrita

Criei as minhas regras

Andei pela sombra

Escalei a grande montanha

Estou por cima das estrelas

Quero descer

Tudo é diferente

Sou um Poeta

Ajude-me sobre as coisas do amor

Tenho pouca experiência sobre essas coisas

Talita, não quero sentir mais essa dor.

...

Seu beijo é loucura

Beijo seco e objetivo

Seus dentes mordendo meus lábios

Você encima de mim em minha cama

Entre a linha da fantasia e a realidade

Você para mim se torna um monstro
imprevisível

Monstro esse que acaba com as minhas guerras

Em suas mãos está boa parte da minha paz

Sinto sede do seu corpo

De tocar em sua pele áspera

Rir de suas piadas sem graça

Seria tão fácil se fosse só sexo

Mas é algo tão louco e sem explicação

Que por muitas das vezes nem nós entendemos

Deixamos fluir a nossa loucura

A loucura de seus beijos com gosto de
adolescência

Seu corpo de 45,6kg que amo tocar

Somos nós Poetas Perdidos na nossa própria
loucura do ser

Você não acredita em mim, Mas como você,
outra, para mim não há,

Já procurei o seu beijo em outras bocas

Mas é da sua loucura que eu me atraio.

...

PARTICIPAÇÕES

4_O amor é paciente, O amor é bondoso, Não inveja,
não se vangloria, Não se orgulha.

1 Coríntios 13:4

…… 𝕵.𝕾.𝕾 ……

Aí o poeta quer namorar uma garota,

Mas a garota não quer perder um bom amigo,

Daí a garota não namora o poeta,

Mas o poeta a quer como namorada,

O poeta quer algo além de sua amizade,

Os dois se veem quase todos os dias,

Conversam sobre a vida, as estrelas e o futuro,

Um perfeito para o outro, em loucuras e sensatez,

E o poeta se contenta, Pois o fim de toda a poesia é
a solidão,

E a garota nunca perderá um bom amigo.

Vozes escritas, Por Davi Paulo·.

Amor e Paixão

ISABELA OLIVEIRA

Assim que eu olhei para você me apaixonei! Foi amor a primeira vista? Não sei dizer, porém eu sei que meus olhos nunca contemplou algo tão maravilhoso quanto a sua beleza e seus olhos serenos... Menino de falar doce de olhar misterioso, deixa eu te amar..... Sem me importar com o passado e olhar para o futuro e te amar no presente! Me deixa cuidar de você, preciso do seu amor para existir o amor em meu coração...

...

Um Poema de

VANESSA F.

Querida Pepê, outro dia te espera

Levante e vá se arrumar

Dê uma olhada na janela

Há alguém se lançando do nono andar

Oh meu bem, que cena triste de ver

Por que eles decidem fazer assim?

A agonia que levam ao viver

Os obcecam pelo fim

Mas não fique tão perplexa

A vida tem que ser triste

Nossas mentes são complexas

E no fundo, nada existe.

Minha querida, não ligue a TV

Há uma notícia lamentável

De alguém que está a morrer

De um jeito inexplicável

Se para rua você for

E mais tarde, em casa chegar

Seja grata por favor

Pelo seu coração ainda pulsar

Oh Pepê, olhe para aqueles lá

Aprisionados em seus leitos

Esperando a hora da morte chegar

Pois nem respirar o faz direito

Tantas preces foram em vão

Por aqueles que sofreram

Seus milagres eram uma ilusão

Após penar, pereceram

Não pense que Ele irá te salvar

Para que não enfrentes a morte

Não há motivos para rezar

Pois a vida é um jogo de sorte

Emerge em corações uma fé

Do placebo da esperança em algo

Espinhoso pensar que tudo é

Transitório, finito, limitado...

Então, minha querida cachorrinha

Esse poema para você penejo

Sei que não posso te chamar de minha

Pois nada é nosso, nem nós mesmos

Desespero de um homem

ANA CUNHA

Arrependido voltou, mas coragem não tinha, de dizer que em sua vida outra pessoa mantinha.

Sussurrou poucas palavras com medo de declarar

Pois o amor colorido

Embora ferido não podia continuar

Com lágrimas nos olhos, não entendia

Como amar duas mulheres ao mesmo tempo e progredia

Mas só uma podia escolher

E dentro do seu ser sabia que a família da sua vida não podia tirar, pois firmou um compromisso diante do altar.

Só restou se despedir pra sempre e mais uma vez na sua mente não podia contar

Magoar o coração do seu amor seria demais

E preferiu sair em paz esquecer que um dia aquela amizade que surgia

Transformou-se numa paixão inesquecível

Luxúria

NIKI ROCHA

Faça a mim, sanidades inversas.

Tento não pensar em teu corpo despido; impossível.

Quando me vejo, pego-me de olhos fechados imaginando amassos intensos, minhas mãos deslizando sobre teu corpo; quando chega em tua bunda... Paro.

Mas o que é isso?

O que ela vai pensar se descobre uma coisa dessas?

Não sei o que ela pode pensar, sei o que penso.

E sei que é bom.

Excita-me; entorpece-me; deixa-me louco de desejo; esquenta-me.

Quero perder o fôlego em teus lábios; quero não estar consciente.

Quero ser seu e você minha.

Ao tocar-te, quero sentir o pulsar dos seus batimentos, a respiração ofegante, o ritmo do nosso encontro às escuras.

Se já sinto seu corpo sem ao menos ter tocado, me ponho a pensar como será quando me pertencer.·.

...

Amar

LENO OLIVEIRA

Para o mar o amor é fogo.

 Ele queima na profundeza gélida

Sem nunca temer o desconhecido.

Eu sou do mar, sim, mas diferente da chama do amor eu temo.

Eu temo ser esquecido, temo ser ignorado.

Minhas profundas e escuras covas não se equiparam ao mar.

Sou o pior demônio deste inferno chamado 'vida'.

O único e verdadeiro antagonista, como uma força que se mistura à água.

Sou translúcido, uma pele sobre a alma do fogo.

Sou o fogo da alma que repele

O espírito jovial dos homens.

Sou para o mar o que a terra é para o vento.

A força imutável que desloca-se sorrateiramente

E que se esconde na escuridão

E que dança com o desconhecido.

Para mim o amor é isso.

Para o mar eu não sou nada.

Não há laços mais distantes

Não há cova mais profunda

Sem medo o homem não ama

Sem amor o homem não vive.

Mas para o mar o amor também é luz.

Para o mar o amor é um farol.

O único e verdadeiro antagonista, porém, somos nós.

Amem-me!

Amem-me e temam-me!

Sou o fogo, o mar e o desconhecido.

Sou a força que separa e destrói - amor.

...

Lua, Querida

EMANUELLA CARVALHO

Ela queria minha alma, mas já a tinha
Mal sabia ela que já havia me roubado, me feito de
refém naqueles braços pálidos.
E eu dizia, repetidamente todos os dias
"Se seu desejo for só carnal, não me convém ir ao
caos."

Mas havia desejo no meu eu
E eu me questionava infinitas vezes, se era demais
pedir o infinito
Ou qualquer resquício de equilíbrio
E eu só desejei saber e sentir, que tudo ficaria bem
E que nas minhas memórias nós seríamos alguém
E quando o dia amanhecia, ao seu lado eu
adormecia
Feito criancinha, nos braços de sua mãe querida

E eu queria noites em claro, com o céu estrelado
brilhando feito vagalumes enclausurados
Mas pensando bem, eu tive mais do que almejei
Pois eu vi a lua beijando seus pés, e te fazendo
minha naquela noite tão fria
Cogitei então, que tudo fosse um sonho
E que mais um anoitecer, eu não havia passado
com você

E então eu lhe disse, surrando-lhe ao pé do ouvido

"Sinta-se em casa, desejo ser a tua morada, a tua
namorada
Desejo ser o abraço que lhe conforta, nos
momentos de derrota
O beijo que toca intensamente na tua libido
O carinho que desconcerta todo o seu ser"

E você veio, como uma música perfeita
Me embalando em sua melodia com destreza
Me deixando sem clareza
E eu? Eu me tornei momentaneamente uma
partitura sem letra
Esperando que o teu amor, escrevesse nossa canção
em mim e em outras mesas.

...

Peito deserto

CAROLINA DOS DANTOS DAS VIRGENS

Não há sombra que impeça que o sol ardente queime a pele sofrida de um homem que tem o seu peito aberto.

Não há água que mate a sede de um homem que caminha incessantemente. Há flores e pedras, há céu e há nuvens. A chuva foge do solo deserto do meu peito, onde as raízes secas esperam por uma gota de esperança para que se faça verde esse jardim de areia. Mas chove, a tempestade corre e alcança outros solos mais férteis, onde o verde é a esperança que pinta o chão. O deserto peito permanece escaldante e o sol ilumina o tom de amarelo da areia que esconde os rios imaginários que matam a sede do homem.

...

Um Poema de

DORA E ALICE

O AMOR

Não é aquilo que

Queremos sentir.

O AMOR, é aquilo que sentimos sem querer

...

Um poema de

KIM

Vejo através dos teus olhos

todo universo que habita em você

Constelações de sinais em tua pele

fazem teu corpo estrelado

reluzir o brilho que tua alma tem

E como um planeta

orbitando em torno do Sol

meu mundo se enche de luz

quando você vem

Sei que te conheço de outras vidas

pois todo meu amor

não caberia apenas nessa

e quando me tem

minha mente transcende

você me surpreende

ao saber de mim

mais que um mapa revela

Nas noites que me deito em teu colo

para estrela cadente eu não faço um pedido

reciprocidade eu tenho ao teu lado

então só agradeço por estar contigo.

PARA: Jhenifer

...

SOBRE A PRODUÇÃO:

Eu poderia dizer que cada poema é único, Mas nem isso expressaria a singularidade que há neles, sendo que nesta obra cada verso tem a sua própria historia o seu próprio sentido. Talita(S) poderia ser um livro sobre o ego do Poeta por escrever sobre amores, Mas foi um tapa na cara, Talvez ele esteja saindo mais humilde desta produção, O primeiro livro que contou com participações de outros poetas, Pois se é para falar de amor, que não seja sozinho.

E aqui foi mais uma produção independente de Davi Paulo